Roland Barthes

罗兰·巴尔特文集

La Tour Eiffel

埃菲尔铁塔

[法] 罗兰·巴尔特（Roland Barthes）/著
安德莱·马尔丁（André Martin）/摄影
李幼蒸/译

中国人民大学出版社
·北京·

总　序

罗兰·巴尔特（1915—1980）是已故法兰西学院讲座教授，法国当代著名文学思想家和理论家，结构主义运动主要代表者之一，并被学界公认为法国文学符号学和法国新批评的创始人。其一生经历可大致划分为三个阶段：媒体文化评论期（1947—1962）、高等研究院教学期（1962—1976）以及法兰西学院讲座教授期（1976—1980）。作者故世后留下了5卷本全集约6000页和3卷本讲演录近千页。这7000页的文稿，表现出了作者在文学、文化研究和人文科学诸领域内的卓越艺术品鉴力和理论想象力，因此可当之无愧为当代西方影响最大的文学思想家之一。时至今日，在西方人文学内最称活跃的文学理论及批评领域，巴尔特的学术影响力仍然是其他文学批评家和理论家难以企及的。

1980年春，当代法国两位文学理论大师罗兰·巴尔特和保罗·萨特于三周之内相继谢世，标志了第二次世界大战后法国乃至西方两大文学思潮——结构主义和存在主义的终结。4月中旬萨特出殡时，数万人随棺送行，场面壮观；而3月下旬巴尔特在居住地Urt小墓园下葬时，仅有百十位朋友学生送别（包括格雷马斯和福科）。两人都是福楼拜的热爱者和研究者，而彼此的文学实践方式非常不同，最后是萨特得以安息在巴黎著名的Montparnasse墓地内福楼拜墓穴附近。萨特是雅俗共赏的社会名流，巴尔特则仅能享誉学界。

1976年，巴尔特以其欠缺研究生资历的背景（据说20世纪50年代末列维-斯特劳斯还曾否定过巴尔特参加研究生论文计划的资格），在福科推荐下，得以破格进入最高学府法兰西学院。1977年1月，挽臂随其步入就职讲演大厅的是他的母亲。8个月后，与其厮守一生的母亲故世，巴尔特顿失精神依持。在一次伤不致死的车祸后，1980年，时当盛年的巴尔特，竟“自愿”随母而去，留下了有关其死前真实心迹和其未了（小说）写作遗愿之谜。去世前两个月，他刚完成其最后一部讲演稿文本《小说的准备》，这也是他交付法兰西学院及留给世人的最后一部作品。而他的第一本书《写作的零度》，则是他结束6年疗养院读书生活后，对饱受二战屈辱的法国文坛所做的第一次“个人文学立场宣言”。这份文学宣言书是直接针对他所景仰的萨特同时期发表的另一份文学宣言书《什么是文学?》的。结果，30年间，没有进入过作为法国智慧资历象征的“高等师范学院”的巴尔特，却逐渐在文学学术思想界取代了萨特的影响力，后者不仅曾为“高师”哲学系高材生，并且日后成为法国二战后首屈一指的哲学家。如今，萨特的社会知名度仍然远远大于巴尔特，而后者的学术思想遗产的理论价值则明显超过了前者。不过应当说，两人各为20世纪文学思想留下了一份巨大的精神遗产。

如果说列夫·托尔斯泰是19世纪“文学思想”的一面镜子，我们不妨说罗兰·巴尔特是20世纪“文学思想”的一面镜子（请参阅附论《罗兰·巴尔特：当代西方文学思想的一面镜子》）。欧洲两个世纪以来的社会文化内容和形成条件变迁甚巨，“文学思想”的意涵也各有不同。文学之“思想”不再专指作品的内容（其价值和意义须参照时代文化和社会整体的演变来确定），而须特别指“文学性话语”之“构成机制”（形式结构）。对于20世纪特别是二战后的环境而言，“文学实践”的重心或主体已大幅度地转移到批评和理论方面，“文学思想”从而进一步相关于文学实践和文学思想的环境、条件和目的等方面。后者遂与文学的“形式”（能指）研究靠近，而与作为文学实践“材料”（素材）的内容（“所指”）研究疏远。而在当代西方一切文学批评和文学理论领域，处于文学科学派和文学哲学派中间，并处于理论探索和作品分析中间的罗兰·巴尔特文学符号学，遂具有最能代表当代“文学思想”的资格。巴尔特的文学结构主义的影响和意义，也就因此既不限于二战后的法国，也不限于文学理论界，而可扩展至以广义“文学”为标志的一般西方思想界了。

中国人民大学出版社编选的这套“罗兰·巴尔特文集”，目前包括10卷12部作品，它们在一定程度上反映了罗兰·巴尔特文学思想的基本面貌。由于版权问题，出版社目前尚不能将他的其他一些重要作品一一收入。关心巴尔特文学思想和理论的读者，当然可以参照国内其他巴尔特译著，以扩大对作者思想学术的更全面了解。此外，文集还精选了菲利普·罗歇（Philippe Roger）的著名巴尔特评传:《罗兰·巴尔特传》(1985),作为本文集的附卷。

现将文集目前所收卷目及中译者列示于下:

1. 写作的零度(1953)·新文学批评论文集(1972)·法兰西学院就职讲演(1977):李幼蒸

2. 米什莱(1954):张祖建

3. 文艺批评文集(1964):张智庭(怀宇)

4. 埃菲尔铁塔(1964):李幼蒸

5. 符号学原理(1964):李幼蒸

6. 符号学历险(1985):李幼蒸

7. 罗兰·巴尔特自述(1976):张智庭

8. 如何共同生活(讲演集1)(2002):张智庭

9. 中性(讲演集2)(2002):张祖建

10. 小说的准备(讲演集3):李幼蒸

附卷:罗兰·巴尔特传:张祖建

讲演集是在法国巴尔特专家埃里克·马蒂(Eric Marty)主持下根据作者的手写稿和录音带,费时多年编辑而成的。这三部由讲演稿编成的著作与已经出版的5卷本全集中的内容和形式都有所不同,翻译的难度也相对大一些。由于法文符号学和文学批评用语抽象,不易安排法中术语的准确对译,各位译者的理解和处理也就不尽相同,所以这部文集的术语并不强求全部统一,生僻语词则附以原文和适当说明。本文集大致涉及罗兰·巴尔特著作内容中以下五个主要方面:文本理论、符号学理论、作品批评、文化批评、讲演集。关于各卷内容概要和背景介绍,请参见各卷译者序或译后记。

在组织翻译这套文集时,出版社和译者曾多方设法邀约适当人选共同参与译事,但最后能够投入文集翻译工作的目前仅为我们三人。张智庭先生（笔名怀宇）和张祖建先生都是法语专家。张智庭先生为国内最早从事巴尔特研究和翻译的学者之一，且已有不少相关译作出版。早在1988年初的“京津地区符号学座谈会”上，张智庭先生对法国符号学的独到见解即已引起我的注意，其后他陆续出版了不少巴尔特译著。张祖建先生毕业于北京大学法语文学系，后在美国获语言学博士学位，长期在法国和美国任教至今，并有多种理论性译著出版。我本人在法语修养上本来是最无资格处理文学性较强的翻译工作的，最后决定勉为其难，也有主客观两方面原因。一方面，我固然希望有机会将自己的几篇巴尔特旧译纳入文集，但更为主要的动力则源自我本人多年来对作者理论和思想方式的偏爱。大约30年前，当我从一本包含20篇结构主义文章的选集中挑选了巴尔特的《历史的话语》这一篇译出以来，他的思想即成为我研究结构主义和符号学的主要“引线”之一。在比较熟悉哲学性理论话语之后，1977年下半年，我发现了将具体性和抽象性有机结合在一起的结构主义思维方式。而结构主义之中，又以巴尔特的文学符号学最具有普遍的启示性意义。这种认知当然也与我那时开始研习电影符号学的经验有关。我大约是于20世纪70年代末同时将巴尔特的文学符号学和克里斯丁·麦茨、艾柯等人的电影符号学纳入我的研究视野的。1984年回国后，在进行预定的哲学本业著译计划的同时，我竟在学术出版极其困难的条件下，迫不及待地自行编选翻译了那本国内（包括港、澳、台）最早出版的巴尔特文学理论文集，虽然我明知他的思想方式不仅不易为当时长期与世界思想脱节的国内文学理论界主流所了解，也并不易为海外主要熟悉英美文学批评的中国学人所了解。结果两年来在多家出版社连续碰壁，拖延再三之后，才于1988年由三联书店出版（这要感谢当时刚设立的

“世界与中国”丛书计划，该丛书还把我当时无法在电影界出版的一部电影符号学译文集收入）。这次在将几篇旧译纳入本文集时，也趁便对原先比较粗糙的译文进行了改进和订正。我之所以决定承担巴尔特最后之作《小说的准备》的译事工作，一方面是“从感情上”了结我和作者的一段（一厢情愿的）“文字缘”，即有意承担下来他的第一部和最后一部书的译事，另一方面也想“参与体验”一段作者在母亲去世后心情极度灰暗的最后日子里所完成的最后一次“美学历程”。我自己虽然是“不可救药的”理性主义者，但文学趣味始终是兼及现实主义和唯美主义这两个方向的。

中国人民大学出版社在“列维-斯特劳斯文集”之后决定出版另一位法国结构主义思想家的文集，周蔚华总编、徐莉副总编、人文分社司马兰社长，表现了对新型人文理论的积极关注态度，令人欣慰。本文集策划编辑李颜女士在选题和编辑方面发挥了重要的判断和组织作用。责任编辑姜颖昳女士、翟江虹女士、李学伟先生等在审校稿件方面尽心负责，对于译文差误亦多所更正。对于出版社同仁这种热心支持学术出版的敬业精神，我和其他两位译者均表感佩。

最后，我在此对中国人民大学出版社再次约请我担任一部结构主义文集总序的撰写人一事表示谢意。这不仅是对我的学术工作的信任，也为我提供了再一次深入研习罗兰·巴尔特思想和理论的机会。巴尔特文学思想与我们的文学经验之间存在着多层次的距离。为了向读者多提供一些背景参考，我特撰写了“附论”一文载于书后，聊备有兴趣的读者参阅。评论不妥之处，尚期不吝教正。

李幼蒸（国际符号学学会副会长）

2007 年 3 月，于美国旧金山湾区

译者前言

罗兰·巴尔特为作为巴黎地标的埃菲尔铁塔及巴黎景观所作的这篇分析性长篇抒情文，配合着马尔丁的摄影图片，于 1964 年作为单行本首次出版。1989 年铁塔建成一百周年之际，此书复由原摄影师增加了新的图片重新再版。中译本就是根据此新版本译出的。关于铁塔本身建成前后的传奇性历史，本书正文及附录均有描述。巴尔特这篇文章或小册子自发表以来，一直被公认为关于埃菲尔铁塔建筑美学和巴黎风景美学的一篇代表作。作者以独特的符号学译解风格，引领读者参观、体察和领悟着铁塔本身及经由铁塔所体察到的历史巴黎之美学意义。铁塔于是成为读者把握巴黎时空整体意涵的一条“解释学通道”。作为先锋派文艺批评家的巴尔特，特别强调铁塔自身的现代唯美主义价值，即不涉原初实用性设想的纯审美性功能，其技术性装置成为此美学艺术品的物质性基座。在作者笔下，物质性描述和美学性描述之间的“意指性互动”（在表意过程中的相互支持），将铁塔内外景色元素编织为一篇结构主义和符号学的抒情文本。

译者最初是从苏珊·桑塔格20世纪80年代初编选的一部罗兰·巴尔特英文文选中发现此文的，其后于1985年将其纳入译者编选翻译的一部罗兰·巴尔特中译文选中去。当时译文所根据的英译文只译出了法文版的前半部分。在此次新译本中，不仅将全文补齐，而且根据法文本纠正了20年前旧译中一些误译和不妥之处。

译者于1983年夏有幸游览了自少年时代向往已久的巴黎，并首次登上了埃菲尔铁塔。那时译者还没有读过此文。1989年初再次访问巴黎时，正值铁塔筹办落成百年大典和法国纪念大革命两百周年，译者得以携妻子同游铁塔，感受倍增于前。这次在译出本文附录时，曾回想起那年游览巴黎和铁塔时的情景，铁塔上高悬着“两百周年”的长条布幅，远近颇为醒目。这本小书其后亦成为我理解巴黎历史风情和“大都会意象”的最佳导读之一。希望读者在读毕此书后也能引生类似的感受。

李幼蒸

2007年2月

我们这些作家、雕塑家、建筑师、画家，以及一些热爱迄今为止尚未受损的巴黎美丽景观的人，现在，以备受轻蔑的法国美学之名义，并以受到威胁的法国艺术和历史的名义，对在首都中心建立无用的、可怖的埃菲尔铁塔，表达强烈、愤怒的抗议。巴黎城，难道将要与此稀奇古怪的风格，与一位机械设计师的粗俗而带商人气的想象，长久地联系在一起，以至于无可挽回地蒙受羞辱和变得丑陋吗？因为，连商业化的美国都不想要的埃菲尔铁塔，无疑将成为巴黎之耻。对此，人人觉察，人人议论，人人深受折磨，而我们的抗议只不过是如此自然的对饱受震惊的普遍意见之微弱回声而已。最后，当外国人来参访我们的展览会时，他们会惊异地说道："什么？法国人就是用这种可憎之物来使我们接受他们如此浮夸的趣味观念的吗？"他们有理由嘲笑我们，因为崇高的哥特式的巴黎，皮热（Pierre Puget）、日耳曼-皮隆（Germain Pilon）、让-高容（Jean Goujon）、巴里（Antoie-Louis Barye）① 等人的巴黎，将要变成埃菲尔先生的巴黎了。

——《艺术家的抗议书》片断，载于《时代报》，1887-02-14。签名者包括：梅索尼耶、古诺、加尼耶、布格罗、小仲马、科佩、德·利勒、普吕多姆、莫泊桑等。

---

① 此4人都是法国雕塑艺术家，他们的生活年代分别是：皮热（1620—1694），日耳曼-皮隆（1525—1590），让-高容（1510—1565），巴里（1796—1875）。——译者注

目　录

埃菲尔铁塔

莫泊桑常在埃菲尔铁塔上用午餐，虽然他并不喜欢那里的菜肴。他常说："这是巴黎唯一一处不是非得看见铁塔的地方。"真的，在巴黎，你要想看不见埃菲尔铁塔，就得时时处处当心。不管什么季节，不管是云雾弥漫、薄云蔽日、阴天、雨天，还是风和日丽，不管你在哪里，也不管有哪一片屋顶、教堂或树叶，把你和它隔开，铁塔总在那儿。它已融入我们的日常生活，我们不再能赋予它任何特殊属性，它简直就是注定了要像一块岩石或一条河流那样存在着，因此干脆成了一种自然现象，其意义虽可不断质疑，其存在却不容争辩。在一天的任何时刻，巴黎人的目光大概都不会不触及到它。当我写着关于它的这几行字时，铁塔正在那儿，在我眼前，并被框入我的窗内。而当无月之夜模糊了它的形影，差不多要使我们看不到它了、使它不再显现了时，两束微弱的灯光点亮，在塔顶上轻柔地闪烁着。于是漫漫长夜中它仍然在那里，它从巴黎上空把我和我的每一位友人连接在一起，因为他们也会同时眺望它。我们每个人都拥有它的不同的形象，而它是不变的中心。埃菲尔铁塔是友善的。

铁塔其实也出现于全世界。首先，作为巴黎的一个一般象征，它出现在世界各处——只要人们想用形象来表示巴黎时。从美国中西部到澳大利亚，任何到法国来的旅行计划都会提到铁塔的名字，任何有关法国的课本、招贴画或电影，都必定把它看作一个民族和一个国度的主要象征：它属于世界性的旅行语言。此外，它除了表示狭义的巴黎，也触及最一般的人类形象语言。它简单质朴的外形，赋予它一种含义无穷的密码使命，结果随着我们想象的推移，它可依次成为如下事物的象征：巴黎、现代、通讯、科学或 19 世纪、火箭、树干、起重机、阴茎、避雷针或萤火虫，随着我们梦想的遨游，它必然总是一个记号。正如每个巴黎人的目光都不得不与其交遇一样，任何幻想都必然或迟或早地发现其形式和受其滋养。捡起一支铅笔，让你的手，换言之你的思想，随意移动，结果往往会是铁塔的形象出现在纸面上，那简单线条的唯一神话式功能，是把底与顶或把地与天连接起来，正像诗人们所说的那样。

这个——几乎是空的——纯记号，是不可能不在的，因为它意指着一切。为了否定埃菲尔铁塔（虽然很少会有这种企图，因为这个象征体对我们并无任何冒犯），你必须像莫泊桑一样爬上铁塔，并使自己与其合为一体。人是唯一不知道自己目光的人，铁塔也像人一样是以其为中心的整个视觉系统中的唯一盲点，而围绕在其周围的正是巴黎。但是在这个似乎对其加以限止的运动中，铁塔获得了一种新的力量。当我们望着它时，它是一件物体；而当我们去游览铁塔时，它就变成了一种目光，并因此构造着作为其注视对象的、既伸展于又收拢于其脚下的巴黎。铁塔既是会看之物，也是被看之目光。铁塔是一个既具主动式又具被动式的完全动词，不欠缺任何功能和语态（像我们在语法学中所说的那样，虽然不无一种有趣的含混性）。这样的说法绝非陈词滥调，它使铁塔成为一个有独特风格的纪念碑。因为世界通常或者是产生着纯功能性的有机体（照相机或眼睛），其目的是为了看物，却并不提供任何被看之物，看者神秘地与藏于背后者联系起来（这是窥视癖者的主题）；或者是产生着自身为盲点的景象，并始终存于可视物的纯被动态之中。铁塔（这是它的神话性力量之一）违背了上述分离现象——那种看与被看的习惯性分裂。它在两种功能之间造成了一种充分的流动性。我们也许可以这样说，凡具有两种视觉“性别”之物，即为一种完全之物。在知觉秩序中，这种辉煌的地位赋予其一种奇妙的意义倾向：铁塔吸引着意义，有如避雷针吸引着雷电。对于一切意义创生的爱好者来说，它都起着一种迷人的作用，一个纯能指的作用，即这样一种形式的作用：人们可以不断地把意义纳入这种形式中（他们可以任意地从自己的知识、梦想和历史中抽出这些意义），而意义并不会因此被限定住或固定住。谁能说铁塔对明日的人类又意味着什么呢？但不容置疑，它将永远是某一物体，是某种与人类本身有关之物体。目光，物体，象征，这就是功能的无限循环，它使铁塔能够永远会是某种其他之物，会是远远超出埃菲尔铁塔自身之物。

为了满足这种使其成为一个完整的纪念塔的巨大梦幻功能，铁塔必须逃脱理性的束缚。为了成功实现这种逃避，首要的条件是：铁塔须是一个完全无用的纪念塔。铁塔的无用性一直隐隐约约地被人们看作一桩丑闻，丑闻来自这样一种真确事实：造价昂贵，不能接受。甚至在铁塔建造之前，人们就抱怨说它是无用的，当时人们认为，仅仅由于这个理由就足以对其加以谴责。一个通常信奉资产阶级大企业的合理性和经验主义时代精神的人，是无法容忍一个无用物体的存在的（除非它被公开宣称为一件艺术品，而把铁塔看成一件艺术品是不可思议的），所以古斯塔夫·埃菲尔在“艺术家请愿团”前辩护自己的设计时，审慎地列举了铁塔未来的一切用途。我们可以想象，这位工程师列举的项目都是科学的用途：空气动力学测量、材料耐力研究、登山生理学、无线电研究、电信问题、气象观察等等。这些用途的正当性当然是无需争辩的，但是一旦和铁塔压倒一切的神话力量相比，和它在全世界所承担的人类意义的神话相比，这些正当性就显得太可笑了。因为不管“科学”之神话会使功利的借口显得多么堂而皇之，它们同使人成为真正之人的那种伟大的想象功能相比，就不值一提了。同时，人类作品的无意义性是从来不会直接被宣布的，它在用处这一范畴下被合理化了。埃菲尔把他的铁塔看成是一件严肃的、合理的、有用的东西，而人们却反过来赋予它一个伟大的、奇异的梦想，这个梦想极其自然地甚至达到了非理性的边缘。

建筑物永远既是梦想物又是功能的体现者，既是某种空幻之表现，又是某种被使用的工具，这种双向运动却具有十分深刻的意义。甚至在铁塔诞生之前，19 世纪的（特别是在美国和英国的）一些人已经常常在梦想一种具有惊人高度的建筑物了，因为 19 世纪对工业技术十分倾倒，于是对空间的征服愿望重新俘获了人类。1881 年，正好在铁塔建造之前，一位法国建筑师设计了一个太阳塔。现在看来，这个设计方案从技术上说是相当荒谬的，因为它依赖的是砖石结构而不是钢架结构，并且还以一种纯经验主义的功用性为理由。一方面，在建筑物顶端有烟火装置，它企图借助一组镜面（这套装置当然十分复杂）来照亮巴黎每一处黑暗的角落；另一方面，这个太阳塔（约1000英尺①，与埃菲尔铁塔相仿）设计的最后一道幻想是有关一种日光浴室的，患者可以在室内呼吸到新鲜空气，“就像山中的空气一样纯净”。但是太阳塔的情形也像铁塔一样，建筑事业具有的单纯功利主义与无限强大的梦幻功能是分不开的，实际上鼓舞人们进行这类创造的正是后一动机：用途除了掩饰意义之外别无作为。因此我们可以在人类中间看到一种真正的圣经通天塔情结：通天塔应当用于与上帝交流。然而这是一种梦想，它所触及的深度，远超过神学性构想的深度。摆脱了其功利性支托的这种宏伟的升天梦想，最终存留在画家表现的无数个通天塔中，似乎艺术的功能只在于揭示物体的深刻无用性。同样地，铁塔几乎完全同认可其存在的科学考虑分离（就此而言，铁塔和其用途事实上并无多大关系），它产生于人类的一种宏伟的梦想，其中各种可变的和无限的意义混合在一起：铁塔重新克服了那种使其生存于人类想象中的基本无用性。最初，人们企图（因为一个空洞无用的纪念塔的概念是自相矛盾的）使其成为一座“科学庙堂”，但这只是一个隐喻，实际上铁塔什么也不是；它达到了纪念塔的某种“零”状态，它与任何仪式或礼拜无关，甚至也与艺术无关。你不可能把铁塔当作一个博物馆去参观：在塔内全无可看之物。但这座空的纪念

① 1英尺约合0.305米。——译者注

塔每年接待的游客比卢浮宫的游客还要多两倍，而且似乎比巴黎最大电影院的观众人数还要多得多呢。

不过，我们为什么要去参观埃菲尔铁塔呢？毫无疑问，是为了参与一个梦幻，在此梦幻中埃菲尔铁塔与其说是一个真实的物体，不如说是一种凝聚器（其意义的根源在于此）。铁塔并不是一种通常的景物，走进铁塔向上攀登，沿着一层层通道环行，等于是以一种既单纯又深入的方式去临近一种景象，探索一件物体（虽然是一件镂空雕塑品）的内部，并把旅游仪式转换为一种目光和智慧的历险。我想先简单地谈谈它的这种双重功能，最后再进而论述铁塔的主要象征功能，后一种功能才是其最终意义之所在。

铁塔俯瞰着巴黎。参观铁塔就是让自己登临塔楼的看台，以便察觉、理解和品味一下巴黎的某种本质。同时铁塔也是一座有独特风格的纪念碑。观景台习惯上也就是对自然风光的眺望台，这些观景台把大自然的各种元素——水流、溪谷、森林尽收眼底，于是“美景”的观赏必然含蕴着一种崇拜自然的神话观。虽然铁塔所眺望的不仅有大自然而且还有城市，但是铁塔由于其作为游览地的位置而使城市变成了一种自然；它使川流不息的人潮成为一种风景；它使那往往是严酷的都会神话，增添上一抹浪漫色彩，一种和谐和松弛的气氛。巴黎有了铁塔，并以其为景观的起始点，遂加入了满足人类好奇心的各种大自然主题曲：海洋、风暴、山岳、雨雪、河流。于是，去参观铁塔，并非是去与历史圣地神交，像参观大多数纪念建筑物时的情形那样，而是和一种新的大自然、人类空间的大自然相亲和。铁塔不是一处遗迹、一件纪念物或一种文化现象；而是对人性的一种直接体察，人性，由于被转换为一种空间的目光，而成为自然的了。

我们可以说，正因如此，铁塔把一种最初在文学中流露出来的想象加以物质化了（通常伟大作品的功能正在于预先完成那种随后仅仅由技术加工予以实行的构想）。在19世纪，铁塔出现以前的50年左右，的确出现过两部作品，它们都以杰出的诗意写作（écriture）体现了这种（或许相当古老的）俯瞰全景的幻想，这就是提供了一幅巴黎鸟瞰图景的《巴黎圣母院》和米什莱的《编年纪事》。在这一幅是有关巴黎，另一幅是有关法国的两幅宏伟图景中，最令人赞叹之处在于，雨果和米什莱都清楚地理解，全景图像把一种理智作用的无比力量，添加到崇高位置所具有的那种抚慰人心的奇妙功能之上。每一位铁塔的游览者都可于瞬息之间将一幅鸟瞰图景尽收眼底，这幅图景，向我们呈现的是被读解的世界，而不只是被觉察的世界，因此它相当于产生了一种新的景象感。在过去，旅游（我们当然会想起——至今仍然令人羡慕的——卢梭的漫游）就是使自己沉浸于感觉之中，使自己去感觉一种物象之流。由我们的浪漫派作家所表现的鸟瞰图景则正相反，他们好像预感到了铁塔的建造和航空的出现似的；这样的图景使我们能超越感觉并看透事物的结构。所以这类文学和这些观赏建筑，标志了一种新的感觉、一种唯智主义样式的出现（它们都产生于同一个世纪，而且也许产生于同一种历史）。巴黎和法国，在雨果和米什莱的笔下（而且在铁塔的目光下）成为可理解的，但并不因此而损失它们的任何物质性（这一点正是其新颖之处）。一种新的范畴，具体的抽象范畴，出现了；而且这就是我们今日可以赋予“结构”这个词的意义：一组理智的形式。

正像若尔丹先生面对散文时的情况一样，每一位铁塔的游览者都在不知不觉中实践着结构主义（这并不妨碍散文和结构照旧存在)。巴黎在他身下铺展开来，他自动地区分开各处地点(因为事先已知道这些地点)，但并未停止把各个地点再联结起来，以便在一个更大的功能空间内去感知它们。总之，他在进行区分和组合，巴黎对他而言呈现为一个潜在中为理智准备好的、向理智敞开的对象，但他必须运用最后的心智活动亲自将其构造出来：铁塔提供给巴黎的全景，绝非什么消极被动之物体。由旅游者一己谦逊的目光所传达的这种心智活动，可被赋予一个名称：破解①。

究竟什么是一幅全景图呢？这是一个我们打算去破解的形象，在其中我们企图认出已知的地点和识别街区标志。假设我们面临一幅从铁塔上所见的巴黎风景，你可以分辨出由夏约宫倾斜而下的山丘，再远处是波罗纳森林。但凯旋门在哪里呢？你看不见它，它的不在，迫使你再一次审视全景，寻找这个在你的结构中失去的地点。你的知识(你对巴黎地形可能有的知识)在和你的感觉冲突，而且在某种意义上，这就是理智的含义：去构造，去协同运用记忆和感觉，以便在你心中产生一个巴黎的模拟物，这个模拟物的诸成分展现在眼前，它们是真实的，自古已然的，但却在呈现给你的整个空间内迷失了方位，因为你认不出这个空间了。由此我们就识别出了一切全景图都具有的复杂而辩证的特质。一方面它是一种令人心旷神怡的景象，因为目光可以缓慢而轻柔地滑过一个连续的、整体的巴黎形象，而且最初没有“偶然事件”会截断这条巨大的矿物与植物层带，这是你在居高临下的喜悦中从远处瞥见的。但另一方面，这个连续体又使你的心智卷入另一次冲突中去，它要求被译解，我们必须在其中发现记号，发现从历史和神话中产生的某种熟

① déchiffrement；可随境或者改译为“破译”、“解谜”等。——译者注

知的东西。因此，一幅全景图绝不可能被当作一件艺术品加以享用，一旦我们企图在一幅画中识别那些我们依据知识推论出的特殊点时，其引发的美学兴味也就消失了。当我们说，巴黎美景展现在铁塔脚下，就等于说，我们临空远眺，赏心悦目，而触目所及不过是一片连绵起伏的空间。但这样一来却也掩蔽了面对着一个对象的目光时所包含的理智性努力：这个对象需要被区分、被认识和重新使其与记忆联系起来。因为感觉的愉悦（没有什么比居高临下、极目远眺更使人心旷神怡的了）并不足以逃脱心智在任何景象面前的求索倾向。

全景式目光的这种纯理智化特性，又为下述现象进一步所证实，雨果和米什莱进而使此现象成为他们所制作的鸟瞰图之主要动力。从上空俯视巴黎，必然会想象着一种历史；从塔顶俯瞰时，心灵会幻想着眼前风景的变换，它会透过壮丽的空间景象沉浸入时间的神秘性之中，情不自禁地陶醉于过往之云烟。结果，时间绵延本身也成为全景式的了。现在让我们再回到普通常识的水平上去（这当然并非难事），对这个巴黎全景图提出一个十分普通的问题，这样就会有四种因素立即跃入我们的视野，即跃入我们的意识。第一个是史前史的因素，那时巴黎为一片水域所环绕，其中几乎没有几块陆地；游客登上铁塔的第一层时或许刚达到早先水面的高度，或许只能看见一些零散的孤岛，戴高乐广场，先贤祠，一片曾是蒙马特区的树木繁茂的岛区和远处两条栏柱，巴黎圣母院塔楼，然后往左侧可看见邻近大湖的瓦勒林山的斜坡。总之，如果在雾天，游客宁肯停留在这个高度，就会看见铁塔的最高两层从流动的底部拔地而起。铁塔和水域的这种史前关系，可以说象征地保留到今日，因为铁塔部分地建筑于已填实的（直到今日大学路路段）塞纳河的一段凹入处，而且它似乎仍像是从一条河流的岸旁升起，护卫着河上的桥梁。在铁塔眼前横陈的第二种历史是中世纪。考克多曾说过，铁塔就是左岸的圣母院；虽然这座巴黎大教堂不是都市纪念建筑物中最高的一座（荣军医院、先贤祠、圣心大教堂都比它要高），它却与铁塔成双成对，在象征的层面上相互匹配，可以说这已为旅游的民俗学所认可，后者干脆把巴黎归结为可由铁塔和圣母院来代表了。这一象征由过去（中世纪永远表示一种压缩的时间）和现在的对立来表示，以及由像世界一样古老的砖石和象征现代性的金属之对立来表示。从铁塔可以读出的第三种因素则与一种大历史有关，从君主时代到帝国时代，从荣军医院到凯旋门，处处不可区隔。严格说来，这就是法国史，正如法国学童所学习的那种历史，而且呈现在每个学童脑海中的法国史的许多片段都同巴黎有关。最后，铁塔俯视着巴黎的第四种历史，即当代人创造的历史。有些现代纪念性建筑物（联合国教科文组织大厦，无线电电视中心）开始在内部置入未来的标记。铁塔能够使这些互不相配的材料（玻璃、金属），使这些新的形式，同往昔的砖石和圆顶协调一致。在铁塔的注视下，在历史绵延中的巴黎，使自己成为一块抽象的画布，在这块画布上，（从很久以前沿传下来的）深色的椭圆形，与现代建筑的白色长方形交错并列着。

一旦这些历史遗迹和空间位置为游客的目光从塔顶上所确定，想象还可继续填充这幅巴黎全景图，赋予它以结构；但此时人的某些功能介入了。游客在爬到巴黎半空时，就像阿斯摩迪斯①似的产生出掀开了一个硕大无比的盖子时的幻觉，这个盖子笼罩着千家万户的私密生活。于是都市变成了亲近熟悉的东西，游客则破解着它

① 阿斯摩迪斯为古代宗教(袄教、犹太教等)魔妖神话中的恶魔。——译者注

的各种功能或关联物。在与平伸的河流曲线相垂直的长对角线上，有三个地区彼此联结，犹如倾斜躯体上人类生活中的三种功能。在顶部，即在蒙马特区下缘，是快乐；在中心，即大歌剧院周围，是物质性、企业和商业；在底部，即在先贤祠脚下，是知识和学习。然后在左右侧，有两大片住宅区围绕着这根重要的轴线，像两个防护性手笼，一个是普通住宅区，另一个是蓝领阶层住宅区。再往前是两条树林带，波罗纳和文森。人们注意到，一种十分古老的法律，鼓励着城市向西方，即向太阳落山的方向发展。于是在西侧是有钱人的街区，东侧则一直是穷人区。铁塔在建立时似乎有心地遵循着这一运动方向，我们可以说，它伴随着巴黎向西移动，我们的首都也未脱离向西方向的运动。而且铁塔甚至吸引着城市，朝着城市的展开轴线，朝着阳光较暖的南部和西部，从而参与了那个使每个城市都变成一个生命机体的、重要的神话功能。铁塔既非大脑也非器官，它坐落在离巴黎主要街区略有距离之处，它只是见证人和目击者，它以其微弱的信号审慎地凝视着巴黎地区整个的（地理的、历史的和社会的）结构。由铁塔的目光所实现的对巴黎的读解，不只是一种心智活动，同时也是一种“入族”礼仪。爬上铁塔以便好好眺望巴黎，犹如从外省来到巴黎的少年所做的征服巴黎的初次旅行。幼年的埃菲尔，在12岁时就随母亲乘驿车来到这里，并发现了巴黎的“魔力”。这个作为繁华首都的大城市，呼唤着登上那包含着快乐、价值、艺术和豪华等高级存在领域的运动。这是一个无比珍贵的世界，对这个世界的认识使人成熟，标志着你已进入了充满热情和责任的真正生活。铁塔的旅游，仍然能促使我们提出的正是这个神话（当然是一个十分古老的神话）。对爬上铁塔的旅游者来说，不管他性情多么温和，独自的沉思默想，使得呈现在其眼前的巴黎，多少仍然是拉斯梯格纳克风格[1]曾经面对、挑战和占有过的那个巴黎。因此在外国人或外省人游览过的一切名胜中，铁塔是必须登临的第一个纪念建筑物。它是一座大门，标志着向一种知识过渡的入口：人们必须通过一种“入族礼”来拜祭铁塔，而只有巴黎人才能找到免除拜祭的托词。铁塔的确是这样一个处所，它使人们加入一种竞赛，而且当它注视着巴黎时，它所聚拢的正是首都的这一本质，并将其赠予向它奉献自己“入族礼”的外来者。

现在，我们应该从被审视思考的巴黎返回到铁塔本身来：这就是（在它被变成一个象征以前的）作为一件物体延存着的那个铁塔。对旅游者来说，每一目标通常都首先是一个内部地区，因为一切观光活动都涉及对一处封闭空间的探索。访问一座教堂、一家博物馆、一座皇宫，首先就是把自己关入其内，“巡视”其内部，多少有点像是此建筑物的主人的样子：每次探索都是一次对所参观物的占用。况且在内部的旅游与在外部提出的问题相互对应：纪念性建筑物相当于一个谜，进入其内就是为了破解此谜，就是为了对其占有。在游览中，此时我们又体认出了刚才谈到的参观铁塔时那种“入族礼”功能。一群游客被围在建筑物内，沿着屋内弯弯曲曲的通道鱼贯而行，最后又回到外部，这时的游客很像是行新“入族礼”者，他们为了升至族内成员的地位，必须穿过举行入族礼的建筑内之黑暗而陌生的路径。在宗教礼仪中同在旅游活动中的情形类似，因此将人们围入建筑物乃是仪式的一种功能。在这里，铁塔也是一个自相矛盾的物体：你不可能被关在它的内部，因为铁塔的本性正体现于其细长的形状和镂空的结构

---

① 拉斯梯格纳克风格指19世纪初由建筑师 M. Salat（1755—1822）设计的乡村“新古典风格”。——译者注

之中；你又怎么能被圈入空荡荡的场所之内呢？你又如何能访问一条直线呢？但毫无疑问的是，我们的确在参观铁塔，在其内逗留，并最后把它当作瞭望台使用。那么究竟发生了什么呢？内部的这种主要的探索功能，在应用于这个虚空而并无深度的建筑物时又会怎样呢？我们可以说，这个建筑物是完全由一种外在的材料所构成的。

为了理解现代旅游者如何使自己适应于这个供其运用自己想象力的建筑矛盾体，我们只需注意铁塔给予他了什么，因为我们在其内部所看见的是一种物体，而不是一处亭阁。就此而言，铁塔的供应内容有两类。第一类属于技术层面。铁塔提供了一定数目的演示，或者说，提供了一套矛盾的作品供人消费，而旅游者变成了技师替身。首先，这里有四块基石，尤其是（硕大而并不使人惊奇的）金属柱极度倾斜地插入岩石块中。这种倾斜性很奇特，因为它产生一种直立形式，其垂直性本身吞噬掉了一切象征的意义。这个物体由于其笔直性，似乎以“倾斜”方式陡升，于是在这里给参观者提供了一种令人欢快的挑战。然后是呈 15 度倾斜的惊人的升降梯，而通常的想象力要求机械地升起的东西要沿着一根垂直轴滑行。而且对于任何爬楼梯的人来说，都会看到有关一切细节的放大景象，包括钢板、梁柱、螺栓，它们构成了铁塔。看到这种在巴黎每个角落都被利用着的直线形状，如何由数不尽的相互连接和交叉的部分组成，真是令人叹为观止。这是一种把某一外观（直线）归结为其对立现实（由零碎材料组成的网眼状物体）的操作，一种通过单纯放大知觉水平而导致的非神秘化作用；正如在有些照片中，脸部曲线在放大时，看起来是由上千个五彩小方块所构成的似的。于是作为物体的铁塔，为其观察者（只要他渐渐进入其内的话）提供了一整套矛盾性演示，这就是在外表和与其对立的现实之间所构成的那种令人愉快的对比关系。

作为一种物体的铁塔的第二类供应内容，尽管它在技术上别具特色，却构成了一个熟悉的“小世界”。从地面起，有一整套简单的商业网点伴随着旅游的开始：明信片、纪念品、小玩意、气球、玩具、太阳镜等物品的售卖，显示着一种商业生活气氛，我们再次看到它们又摆设在第二层平台上。现在，任何商业都具有一种驯服空间的功能。卖、买、交换，正是由于这些简单的活动，人类才得以既能征服偏远荒野，又可支配圣殿琼楼。有关被逐出寺院的贩卖者的神话，实际上含义并不清楚，因为这种商业行为证实了对一处纪念性建筑物在情感上的熟悉性，这个建筑物别具一格的特色不再使人感到惊恐，而且由于一种基督教情感（在某种程度上由于一种特殊的基督教情感），精神性排除了熟悉性。在古代，在重大的宗教节日以及戏剧表演会上，一种真正神圣的庆典绝不妨碍生活中寻常姿态的呈现，如吃、喝等行为。一切快乐都可同时进行，不是由于某种疏忽大意的宽纵，而是由于庆典从来不应是野蛮的，并肯定不会牵扯出与日常事物相矛盾的东西。铁塔不是一处神圣的纪念建筑物，而且没有什么禁忌能禁止一种日常生活内容在那里展开，当然在这里也没有必要安排仅属微不足道的生活内容。例如在塔上设立餐厅（食物是贸易活动中最具象征性的对象）之类，就与闲暇活动的全部意义相符。人们似乎永远倾向于（如果没有什么限制会阻挡住他的话）在其寻欢作乐的目标中寻找一种适当选项，如舒适。埃菲尔铁塔是一个令人感觉舒适的物体，它因此也是一个很古老（例如类似于古代竞技场）或很现代（类似于美国某些新玩意，像汽车影院，在那里观众可同时享用电影、汽车、食物和夜晚新鲜的空气）的物体。此外，通过向游览者提供一整套综合性的娱乐，从技术性的奇迹到高级烹调，以及俯瞰都市全景。铁塔于是将人类一

切重要场所具有的基本功能重新统一了起来：铁塔是自立自存的。铁塔独立存在着。你可以在那儿梦想、吃喝、观赏、体察、惊叹、购物；正像在一条大邮轮（这是令孩子们梦想的另一个神话王国）上一样，在那里你会暂时与世隔离，却仍然是这个世界的主人。

我们于是看到，铁塔的物理构造使其摆脱了古老建筑群的封闭性主题，因而与游览者建立了一种生动的关系：游览者其实并未穿入其内部，而是在其空荡荡的空间内蠕动和擦身而行，以至于永远不会被铁塔包裹于其内。当置身于铁塔内时，有如站到屋顶之上，可以说是跨到了建筑物之外。简言之，把游客和铁塔连在一起的紧密性，并不等于将游客隐藏于其内，好像在古典建筑物内的情形那样，后者的原型永远类似于洞穴，而在铁塔内，游览活动却类似于在空间滑行。游览铁塔，乃寄身其内，而非成为其探索者，铁塔的支撑形态可证明此占有功能之转移。铁塔是支持者，而不是包容者。

铁塔，在被包围的物体（如我们刚描述过的）和一般的象征（我们马上会谈到的）之间，发展了一种中间性质的功能，即历史性物体的功能。按此可读解出某种有关起源的信息，因为建筑物的材料和形式是有时间性的。但是这个起源信息，尽管如此合理，却并未以任何方式介入我们企图探索的巨大的想象领域。

从历史上说，铁塔并非是一个突如其来的壮举，好像是由某个大脑的幻想中随意冒出来似的。我们了解，在不同场合，19 世纪人们已经梦想过要建立“千尺”巨塔（这正好是埃菲尔铁塔的高度）。为了促其诞生，总会牵扯到一个十分具体的技术性条件：在建筑业中引进钢铁材料。艺术家们的请愿书如此愤慨，正因有人竟敢考虑用钢铁来进行建筑。埃菲尔的计划实际上象征着从建筑学向工程学的过渡。当时经济的和工业的条件的出现，以及因此与资产阶级的未来联系起来（这一点我们可以从铁塔的所有正式赞助者名单中看到）的情况，导致在房屋建筑中（而不再是机器制造中）用钢铁取代砖石。这样也就引发出想象力方式的根本改变。作为土质材料的砖石，是基础性和不动性之象征。这也是住宅中使用的材料，它们被认为具有永恒性特点。严格来说，砖石虽会被磨损（仍然可充分维持其功能），却永远不会被拆解。铁的神话学则完全是另一回事。铁与火的神话联系在一起，其（象征的）价值不在于其重量，而在于其能量：因为钢铁既坚又轻。但它特别与一种有关劳作的想象相联系，即代表着纯粹的抵抗性。它是由崇高性因素——火——所制成，由人类的能量——肌肉的能量——所制成。

钢铁的神祇为罗马火神，而其生产地则为车间：它是一种不折不扣的可运作的材料。而且我们理解，这种材料在象征的意义上与人对自然的一种粗暴而趾高气扬的支配观念相联系。铁的历史，实际上是晚近历史发展的一部分。埃菲尔不过是为此历史发展锦上添花而已。一方面他用铁作为其建筑物的独特材料，另一方面想象出一种纯由钢铁构成的物体（铁塔），并使其高耸于巴黎天空，有如奉献于“铁”的一座巨碑。简言之，在此材料中含蕴着巴尔扎克和福斯特的世纪热情。

还不止如此。埃菲尔（化学家出身）把铁应用于他的各种各样的创造物中，它们都浸透着同一种观念：人际交流的观念。看看埃菲尔的所有作品吧：（杜罗河上的）简单桥梁和（日隆德河上的）公路桥、（迦拉比河上的）高架桥、（佩斯特的）车站大厅、（在巴拿马运河被放弃的计划中的）闸门等。所有这些作品都是为了排除自然加予人际交流的障碍。这就是世纪的需要——一种观念：世界正在变小，地理正在改变，埃菲尔把此观念变为现实，虽然观念不一定是新的，但却是对此观念的最新应用。质地轻薄的钢铁，使得人类的移动变得更轻更快，因此有能力到处跨越大河高山。结果导致人类对笨重性的征服（完成此征服的埃菲尔，由于研究空气动力学，战胜了风力，也开辟了人类通往另一交通之路——20世纪的交通，航空事业的交通）。钢铁实际上赋予人类交通一种全新的形象：射越①。金属作品，一下子消失了（即使实际上它是一点点地装配起来的），似乎是在快速运动中被射越（jet）过其障碍物，因此暗示着时间本身被征服了，在快速的行程中被缩短了，并进而预示着航空器有朝一日将射越过洲陆和海洋。然而，无用的铁塔却仅具有一种人类学的形式，它概括地代表着一切伟大交通的作品，借助于铁，新世纪克服了时空障碍。人们理解，按照此最后的象征，也是在埃菲尔进行创新之时，钢铁（也以一种新的方式）被用作自由女神像的支托骨架，这是巴托狄在纽约港入口处所建立的。冶金、交通、民主：埃菲尔在自己的世纪中，在铁塔之内，为这三种征服事业提供了物质性象征。

在可以交通观念来概括的所有这些艺术作品中，和铁塔十分相近的一种尊贵作品就是桥梁。如果排除了像佩斯特车站或尼斯天文台这些个别的设计外，在某种意义上，埃菲尔所建造的项目无非就是桥梁。埃菲尔对于桥梁作品具有真正的热情，他设计过各式各样的桥梁。甚至有人说，他是按米数来售卖桥梁的。桥梁为满足其交通功能，不得不与两种自然力对抗：河水的漫溢和河谷的逆风（玛利亚·皮阿桥就巧妙地克服了杜罗河上特别顽劣的这两种自然因素）。我们说，桥的神话对于人类至关重要：桥是人类沟通的象征，也就是"作为众人"的象征。桥的景象（在绘画中如此经常出现）

---

① jet，或译"喷射"，"架设"。——译者注

表现出一种强烈的人性感。既然铁塔也相当于一座桥梁，具有桥的形态、被架设的特点以及桥的质料，埃菲尔似乎要以他这一座最后的奇特桥梁，来为其众多的由水平桥和拱桥组成之桥梁系列，画上完美的句点。铁塔是一座直立的桥，它把大地、城市和天空统一起来；不是与神的天空，而是与不到一个世纪之后的这样一个天空统一起来，在那里由于航空和宇宙飞船的出现，空间被人性化了。这座特殊的桥，也直接与巴黎的其他桥梁相连接；它俯视着塔下芸芸众生（阿波利奈尔语）。如果把铁塔和巴黎的桥梁置入同一取景框内，所看到的也将是同一景物。而且通过此再现过程中的丰富多彩的景物，我们也就看到了这个拥有二十四座桥梁之巴黎的全体人众。

作为历史性物体，铁塔在完成了使钢铁进入建筑业和使艺术品遍地矗立的过程（从杜罗到西贡[①]）之后，将解决最后一个问题，即相关造型艺术的问题。因为一件“无用的”东西只有在是“美”的时候才能够是正确的，如果其价值在使用的平面上被舍弃，仍可在艺术的平面上被恢复。我们知道当时有许多“艺术家”，其中还掺杂有一些知识分子，他们都曾经反对过铁塔，至少是反对铁塔的设计方案。他们以“备受轻蔑的法国美学之名义”进行过战斗；他们呼唤“法国的灵魂”；他们控告“一位机械设计师的粗俗而带商人气的想象”；他们预先就对其表示轻蔑，铁塔“像是一个黑色巨大的工厂烟囱”。埃菲尔十分明智地反驳了这些指控，甚至于有关艺术价值方面的指控：我们永远没有能力预见未来。尤其是，铁塔以其存在本身对立于造型艺术美的世俗观念，表明存在有一种即将征服未来世界的新价值：功能美。实际上，虽然铁塔是“无用的”

① 即今越南胡志明市。——译者注

东西，它却从技术世界借取了其必要性观念。它是美的，因为它是从必要性秩序中产生的。这将肯定是一次巨大的革命。把一个纪念碑式建筑物矗立于空中的设想，不可能由一位建筑师，而应由一位工程师来完成。铁塔赋予此物体（建筑）以纯技术性力量，以使其（至少部分地）能够驾驭艺术。其必然的结果不再是艺术之消失（像当时请愿人所认为的那样），而将是艺术之改变；它将按新的规范，或者说以新的理由，为世人所承认。

我们将无法判断铁塔是不是“美的”。但是它至少可获得传统造型艺术规范的支持，即它的技术“必要性”可在那样一些人中间引起共鸣，他们或者是那些把它看作一种可产生强烈完成感的人，有如对艺术作品所产生的完成感那样强烈，或者是那些欣然摆脱纯功利考虑的人。功能美并不存在于一种功能所产生的美好“结果”之中，而是存在于该功能之景象本身；此景象是在生产它之前就可感受到的。感觉一部机械或一个建筑物的功能美时，大致来说就是使时间暂停，延缓使用，以审视其制造作用（fabrication）：在此我们进入一种非常具有现代性的价值体内，后者是围绕着人类作为（faire）概念而形成的。这样，虽然铁塔是已完成之物（早就完成了），人们却永远可以从美学上来分享其制作过程（facture）。这个制作过程——即使在不了解铁塔历史时，它也是不同凡响的——本质上是具有预见性的。在构思其作品和确定以钢铁材料作为基本构架时，埃菲尔已经解决了两大问题：风的阻力和铁塔的装配。正是此二度性胜利构成了铁塔的美。实际上，埃菲尔想象出一种革命性的装配法：一切均预先精确计算，几乎达到毫米级的精度，每一部件的体积和每一孔眼的大小（借助于对数计算），甚至包括为了安装所需的所有临时性支架的性能和位置，以便工人能够以最舒适的姿势和在最安全的位置上工作。这就是预见性的胜利（结果顺利竣工，铁塔建筑过程中没有发生任何事故）。于是，人类精神不仅被证实了具有对物质和对大自然的征服力，而且也被证实了具有对时间的征服力；时间在这里被看作一个不可避免要连接在一起的诸精准运作步骤的整体系列。

物体的这种结构化性质，也可在铁塔的奇奇特特纪念品复制中象征地看到。铁塔被无休无止地复印和复制，也就是被仿制（simulée，注意，这是一个结构性的词），其形式可包括数不胜数的小纪念品或稀奇古怪的小饰物（用于鞋帽）。这类袖珍埃菲尔铁塔的复制活动，这些不可抑制的实现复制想象的幻想，购买者大概会有的趣味，都证明着两种有关构筑的幻想：每一个纪念品购买者均以此替代性方式经历着铁塔的创造性历险。第一个幻想可以称作铁塔之微型化（miniaturisation）。铁塔首先是由于其实现了本身的高度而成为著名纪念性建筑物的。在摆弄缩小（réduction）的铁塔时，购买者的惊异感再次产生，因为他竟可把铁塔握在手中，放在桌上。尺寸的奇小，使其可被随意摆弄，有如实现着一种真正的价值，购买者可以把一个奇特的、难以接近的、不可拥有之物，变成他自己的日常饰物。此外，这个袖珍纪念品又像是一个模型。购买者可以模糊地想象，桌上的小模型并非真实铁塔的复制模型，而是未来将被建造的某个铁塔的模型。因为，在幻想上，在模型和玩具之间并无什么区别。对二者而言，使用者成为设计者、工程师，成为物质的征服者。而且——这将是购买者的第二个幻想——他可以通过铁塔玩具将这个物体改变，而在此过程中仍然可从中发现惊叹、力量，以及发现对力量的惊叹。实际上，一个谋利者身上之不断出新的，也就是一种在赌注上翻时所带来的快乐在于，人们可把各种物质转变为埃菲尔铁塔，从较简单的，到出乎想象之外的，从铁到蛋壳，此外还可使用铜、贝壳、火柴和宝石。令人快慰的是，我们可以把它称作奇异的创造之幻想，因为它来自一种简单的观念（铁塔），它构想了一切，并完成了一切。于是我们可以在各种各样物品里发现铁塔，它们使用着铁塔，而反过来铁塔赋予它们以形式：像烛台、自来水笔、公文纸、新闻纸等等；更不要说对铁塔形象的简单利用，如被印制在手帕、披肩或干酪箱上。由于其形象被极其大量地使用，结果铁塔属于了全世界，或者更准确地说，属于了一切人的想象世界。法律则为其保证了一种深刻的真实性，因为按照以前法官的某次判例，有人获得了复制铁塔的权利。这样，铁塔的形象也就与财产权概念无关了；铁塔为公共所有。

作为目光和物体的埃菲尔铁塔，也是一种象征（这或许是其最强烈的生命力之所在），而此可能的象征方式无穷无尽。一开始，铁塔肯定象征着法国大革命（建成时适值一百周年）和工业（适值万国博览会举办）。当这两个象征不再被感受到时，其他象征即取而代之。在社会性象征方面，铁塔并非是民族的象征，而是巴黎的象征。令人奇怪的是，巴黎长久以来一直期待着能有自己的象征。的确，巴黎拥有大批纪念性建筑物，但是就象征功能而言，它们却指涉着巴黎以外的其他东西，如君主国、卢浮宫、帝国、凯旋门。也许我们可以举出圣母院来，特别是在浪漫的想象中，它可与某种巴黎的观念混同起来。然而这根本上是由于它的外表轮廓似乎是在支配着、拥有着和保护着首都。主要由于圣母院高大轮廓所产生的这种保护功能，现已自动让位于显示为城市最高建筑物的铁塔了。还有第二种特点丰富了铁塔对巴黎拥有的使命，即它的无用性本身。一切其他建筑物，教堂或宫殿，都具有一种特定的用处。而铁塔只是一个供人游览之物。它的空洞性本身反而使其宜于成为象征，所引生的这个主要象征，按照一种逻辑的联想，只能缘于“被访问”对象的身份本身，就像巴黎一样：铁塔成为在换喻表达中的巴黎。简而言之，在我们结束论述时，自然还应考虑历史环境方面。固然，几个世纪以来，巴黎已经是一个国际大都会，它是外省人“朝拜”时或外国人旅游时的美妙对象。但是，自旅游事业趋于民主化以来，这种休闲和旅游的现代混合物（这肯定是现代历史中最重要的现象之一），注定会使游览巴黎成为一种广泛的制度化过程，而铁塔也就自然成为此制度之象征。

一种十分微妙的因素有助于确定铁塔所具有的巴黎象征地位。从神话学角度看（这是人们在此唯一可选择的思考平面），巴黎是一个非常古老的城市。圣心教堂所在处之克罗尼公共浴室的辉煌过去，成为一种神圣价值：由于其历史本身，整个巴黎就是一个自然形成的象征。相较于到处林立的古老象征建筑物、钟楼、教堂、拱门等等，铁塔好像是突然冒出地面，却注定要使历史时间之存积非神圣化，注定要使这个新时代的自由观与历史的妩媚与陷阱（它们如此之丰富）相对立。铁塔内的一切均赋予此象征以颠覆性：概念的大胆，材料的新颖，形式的非美学性，以及功能的无用性。人们可以说，作为巴黎的象征，铁塔面对着巴黎本身而将其征服，包括其古朴的砖石和厚积的历史。铁塔使古朴的象征物屈居脚下，有如从物质空间中望视着铁塔凌驾于城市大大小小的圆屋顶和尖屋顶之上。简言之，只有当铁塔能够消解历史之重负并成为现代性之象征时，才可真正成为巴黎之象征。铁塔强加于巴黎风景的这种侵犯性（艺术家请愿团所强调的）本身最终反而变成引发热情之源。结果，铁塔和巴黎一起成为勇于创造的象征；它是现代的行为，因此人们无需在此使现在和过去交流。我们也看到，铁塔，作为新时代的密码，出现在众多现代派绘画的作品中，从西斯里到德劳内德立体派的铁塔画。阿波利奈尔、法格、考克多、吉劳多都曾把铁塔作为文学作品的对象。1914年，葡萄牙画家桑塔里塔在里斯本举行过一次关于铁塔和未来派天才的声名狼藉的会议。甚至今天当现代派风格已成过去，铁塔美学不再令人感到大胆新潮，而摩天楼也使我们习惯了此类建筑业成就之后，铁塔也并未退化成老旧过时的纪念碑。与现时代各个时期的伟大发现——空气动力学、无线电、电视，以至于洲际火箭——联系起来看，铁塔已不属于我们的时代（已经年老了），它已完成了作为“时代之虚空”的记号的壮举。

除了这些社会性记号，铁塔也促发了很多更一般性象征的产生，后者属于那种既有力又模糊的整体感觉领域。它们不是来自某种视听一类的确定感觉，而是来自人们称作身体动感学的深层身体生命。在这里，这种感觉的众多原型融而为一，最终使铁塔成为一个诗学的物体。

铁塔首先是上升、整体上升之象征。铁塔完成了一种高度存在于自身的观念。没有任何纪念碑、任何建筑物、任何自然地段，能够既窄长又高耸。实际上，宽度被取消了，全部物质被吸收入一种拔高的努力中。我们知道，赫拉克利特已加以分类过的那些简单范畴，对于人类的想象有多么重要，它们既可引生感觉又可支持概念。我们也知道，尤其是在巴舍拉尔（Bachelard）的分析之后，这种有关升空的想象是多么令人快意，多么有助于人类生活、梦想，并可使自己和众多生理功能中最令人愉悦的形象联系在一起。在远处，铁塔同样可被几百万人体验为一种纯粹的攀升运动；从近处，对那些游览者来说，这一功能依旧存在，只不过变得复杂化了。在铁塔的照片上，我们可以从其钢架层看见水平轴和垂直轴所形成的巧妙搭配。大部分是倾斜的、圆形的、带有花纹装饰的横铁条，似乎并非用于阻拦，而是用来鼓励人们不停地继续攀登。铁塔平台只是用作暂歇或休息之处。铁塔之内，一切活动均在攀升之中，一直达到尖细的顶端，从那里，铁塔消融于天际。

我们不难明了，这种关于高度的想象，是与关于飞翔的想象相联系的。两种象征紧密相联，飞翔正如它所触及的高空一样使人欢快（天空是一种令人心旷神怡的崇高形象）。但是飞翔主题是沿着另一个方向展开的，并在此遇到有关高度的主题所未包含的一些新颖象征。飞翔主题的第一个特质是轻盈性。铁塔实际上是一种轻盈性的象征。大家知道，埃菲尔的技术性大胆表现之一在于，把形式的硕大（并使其矗立）和质料的轻盈结合起来。一个缩小为千分之一的铁塔重量不足 7 克，不过相当于一张信纸。对于直观地理解铁塔是如何惊人地轻，并不需要如此精密的知识。铁塔并不给人以任何重量感，它并未插入地下，看起来像是被置放于地面上似的。飞翔主题的第二个特质是，与体积有关的一种特殊的性质——被镂空，因为人们通常可在某些材料中看到这种特征。铁塔是一种花边状铁制品，这使我们不难想起挖空的砖石材料，如哥特式建筑总是以其为标志的那些特点。在此，大教堂再一次被铁塔取而代之。被镂空的特点，正是此主题的珍贵性所在，因为它虽使铁塔削弱却未使其消失。简言之，它使我们看见了虚空，并显示出虚无，却并不因此使其脱离自身的原始状态，我们总是可以透过铁塔看见天空。飞翔将铁塔的主题换为其禁锢地的洞眼，在曲线中获得解脱的钢铁本身成为天空的组成部分（空气 air）。铁塔具有的这一飞翔特征无疑含有一种实证的根源：它必须将材料充分镂空，以便不使埃菲尔在其工程进行中遇到的唯一危险敌人——风——有丝毫肆虐之机。但是，另一方面，我们知道飞翔的最精微性质表现在风的对立性本质中，即当风被制服、被提炼、被升华之时。风永远是难以驾驭的力量的象征，也就是质重的象征。矛盾的是，风不可能与轻盈的因素联系起来，像空气和火，却反过来与笨重的因素相联系，像作为大地之物的土地和海洋。铁塔对风的征服，导致轻盈和微妙感的出现，这样也就与众多关于梦想和解放精神的神话重新联系起来了。

但是，高度、飞翔、轻盈和镂空等等又都可归入最后一个象征之内：植物。植物的茎干是直挺状的，顶端是飞动和轻盈的，而枝叶是透空的。铁塔形象具有植物的要素，这就是由来自地面和联接天宇的两条线所具有的运动性和简单性，它们与植物的茎干相似。不过还不止如此，在接近它时，铁塔不再像是正在勃发中的植物新芽，反而像是绽放中的花卉。往上攀登时宛如进入由空气和钢铁构成的花朵之内，其中有挺直的纤维，参差的花瓣，密密麻麻倾斜的花蕊，铺伸的枝叶，以及把如此复杂有序的物体拉向穹空的运动本身。

人们会问，这已经就是铁塔的最后一个隐喻了吗？摄影往往会告诉我们关于对象的全部真理，或许可为我们提供有关它的另一种变形：动物的变形。或者把它想作切去足部的昆虫之硬挺前胸；或者有如一条街道铺伸向远空；或者像一只被切去翅膀的鸟正在努力飞向更高处的云层；或者最后，更普通的比喻是，铁塔有如一头使巴黎人惊奇的巨大长颈鹿，像是苏丹王妃送给路易-菲利普的那件礼物一样；同时，按照一种非逻辑的对比，它也可以被看作是一头野兽与其兽笼。铁塔含有一种潜在的动物性。不过我们看到，动物的变形是一个诗意化引申中所产生的奇怪主题，动物是大自然过渡中的一个巨大领域，在该过程中动物从物变为人。在动物领域开始了一切违抗行为，物的违抗活动神秘地增长着，人的违抗行为则导致其越过了道德和自然之间的障碍。铁塔似乎也神秘地参与着这一过渡。它是一个奇怪的存在，因为它把物质违抗之梦想，封闭在一些未知状态里，却又不再把这些状态重新联结起来。通过返回这个隐喻的不稳定性的核心（对于精神而言，如此之丰富和如此之自由），我们可以把握铁塔的最后变形，即作为人的变形。铁塔是人的侧影。没有头部，有一个尖顶，没有臂膀（然而不会因此而显得古怪），同样有一个安置在两条岔开的小腿上的拉长的胸部。在此形象中可发现其守护功能：铁塔是一位监护着巴黎的妇人，她把巴黎聚集拢在足下；不论站立坐卧，她都在对巴黎注视着、维护着、监督着、保护着。此外，摄影方法还发现了铁塔的一个新的真理：它是一个有性别的物体。在众多象征物想象中，阴茎（phallus）无疑是其最简单的形象。但是通过完全从铁塔内部投射向天空的摄影之目光，铁塔看起来像是模拟着“性”的形象本身刻制而成。

这就是铁塔的隐喻空间。然而还欠缺最后一个层面，即它的局限性。围绕着铁塔自动地发展出一种魔圈，它告诉我们铁塔终结于何处：铁塔在其不可能性的界限处终结。最初，通过这个无限性象征，人类处于和其有限性斗智的情境中，有如铁塔在呼唤着违抗法则、习惯和生命本身。按照一种危险的使命，铁塔激发着人们在此追求一种最怪异的成就感：进行攀登比赛，一直冲到第二层（1905）；从塔上骑自行车下行（1923）；驾机穿过铁塔基座（1945）等等。最特别的是，人们在此和生命竞赌，并在此现场死去。铁塔建成后不久，一位青年工人夸口要在第一层的梁架上奔跑，结果在未婚妻眼前摔死。1912 年，“人鸟”——特雷舍，装备着复杂的机翼从铁塔跳下时摔死。此外，铁塔还是自杀之地。而只有一个神秘的理由可以说明为什么铁塔成为自杀之地。这个理由来自铁塔所具有的一切象征特点。因为铁塔是一种纯景象，是绝对的象征，是无限的变形，然而尽管——或由于——它解放了无数生命的形象，铁塔也呼唤着人类经验中的最后一种形象：死亡。

作为目光、物体和象征，铁塔成为人类赋予它的全部想象，而此想象全体，又始终在无限伸延之中。被注视的和注视着的景象，无用的和不可替代的建筑物，熟悉的世界和英雄的象征，一个世纪的见证和历久弥新的纪念碑，不可模仿而又不停被复制的物体。它是一个纯记号，向一切时代、一切形象、一切意义开放，它是一个不受限制的隐喻。借助铁塔，人类运用着一种潜力无边的想象力功能，即自由的功能，因为任何历史，不论多么令人悲叹，都永远不可能消除想象的自由。

罗兰·巴尔特

动工：挖掘地基，1887

（Pierre Petit 摄影）

埃菲尔铁塔大事记

1884

第三共和国政府决定以极尽辉煌的方式庆祝法国大革命一百周年：为了一百周年庆典筹办一个博览会，并同时证明1870年和巴黎公社失败之后国家正在复兴之中。为了支持这一观点和激发想象力，人们那时重新谈起，但还不是很相信，一个半世纪来散布着的念头：有关建立1000英尺高塔作为博览会节目精华的念头（美国工程师Clarke和Reeves为费城博览会建造的300米高塔的计划尚未完成）。

6月6日，Maurice Koechlin和Émile Nouguier，埃菲尔事务所——1867年在Levallois-Perret成立——的两名工程师，为同年举办的装饰艺术展览会，设计了高达300米的方柱碑草图。古斯塔夫·

埃菲尔，两年之前曾建筑过著名的 Garabit 高架桥，此时对高塔设计似乎兴趣并不大，而其后又独立地重新加以考虑，并热情地为之辩护。

1885

1 月份，老夏约宫的建筑师 Jules Bourdais 召开会议，说明了自己的设计：300 米高的水泥塔，建筑在荣军医院前广场上，起名为“太阳柱”，因为它将借助设置在塔顶上的光源和一个抛物线形的镜子系统，来照亮整个巴黎。3 月 30 日，埃菲尔为自己合作者的计划提出了技术细节方案：此塔将用铁和钢材建立，重达 4800 吨（其实际重量将达 7300 吨）；造价估计为 3 155 000 法郎（实际上数额高至此数目的两倍半）；预计建筑时程达 26 个月。

1886

工商部长 èdouard Lockroy，后来的博览会总监，将此设计纳入竞标程序。收到的竞标设计近 700 件，结果 Bourdais 的设计被删除了，其他人的设计也被排除，获胜的是“埃菲尔铁塔”，只有此设计方案充分满足了 Lockroy 的目标：使此纪念碑建筑物成为“冶金工业的原创性杰作”。

1887

1 月 8 日，洛克鲁瓦（Lockroy）和由巴黎市政厅正式任命的塞纳区长官 E. 普莱（Eugéne Poullet），与埃菲尔签约，明确了建筑期限和财务条件。埃菲尔须建成 300 米高塔，并于 1889 年世界博览会开幕式前投入使用。他获得 150 万法郎资助以及博览会期间铁塔使用监管权，条件是：游览票价为登至塔顶门票不超过 5 法郎，参观第一层不超过 2 法郎（周日和假日，分别为 2 法郎和 1 法郎）；在埃菲尔监管 20 年之后，铁塔使用权将移交巴黎市政厅。

1 月 28 日破土动工；6 月 30 日已运出土方 30 973 立方米，基础已完工，金属部件的组装工作开始了。

与此同时，新闻界组织了抗议运动，其后十分著名的一封抗议书发表在 2 月 14 日《时代报》上，抗议此“无用的、可怖的埃菲尔铁塔”。

1889

3 月 31 日，埃菲尔在避雷针尖顶处竖起三色旗：他说：“为了近代科学的光荣，为了更为伟大的法国工业的荣誉，我想建立一座凯旋门，它将可和几个世代前为征服者建立的凯旋门同样地激动人心。”在历经 21 个半月和 130 名工人在工地上的劳作之后，4 月 15 日组装完毕。5 月 15 日铁塔正式启用。它由装在乳白色玻璃器皿内的 90 000 个煤气喷嘴照明。在第一层设有一家弗莱明式酒吧，三家餐馆，分别是俄式、英美式和法式。在第二层《费加罗报》设有一家印刷厂和一间编辑室，可保证整个博览会期间每日发行 4 页篇幅的报纸。9 月 10 日，第三层一家电报间开始营业。博览会期间（即直到 11 月 6 日），铁塔共接待 1 896 987 位游客。

1900

在博览会期间共接待 1 024 887 位游客（而每年平均游客数，到 1914 年为止，不超过 20 万人）。煤气喷嘴被 5000 个电灯泡取代。博览会结束后，弗莱明式酒吧已拆除，继之以一家有 400 个座位的剧院。

1901

Santos Dumont 从 Saint-Cloud 出发，驾飞艇绕铁塔一周返回出发地。

1903

工兵上尉 Ferrié 在塔顶上安装了第一根无线电天线。

1910

俄式餐厅和英美式餐厅被撤销。

1914—1918

安装在铁塔上的监听站，在间谍—反间谍事业中发挥了重大作用。

1921

首次实现从铁塔播放无线电节目。

1923

12 月 27 日，埃菲尔去世，享年 91 岁（他于 1832 年 12 月 15 日生于第戎）。

1925

在国际装饰艺术展览会举行时，André Citroén 付给意大利照明技术师 Fernando Jacoppozi 50 万法郎，要求以 André Citroén 的名义，安装铁塔照明装置（14 个变压器，25 万安培彩色照明系统，15 吨电缆）。

1929

铁塔不再是世界最高峰：le Chrysler 的纽约克莱斯勒大厦高达 319 米，后者次年又被帝国大厦超越（378 米）。

1931

在殖民地博览会期间游客数达 822 550 人。

1937

在艺术与科技博览会期间，游客数达 809 971 人。

1940—1946

由于战略理由，铁塔被德军征用，直到 1944 年。其后被美军利用。

1947

战后随着旅游业的发展，埃菲尔铁塔成为世界第一旅游胜地，铁塔年平均游客数不断上升：从 1947 年的 100 万人到 1963 年的 200 万人，直到 1988 年的 460 万人。

1964

埃菲尔铁塔被列入历史杰作遗产补充名单。

1985

12 月 31 日午夜安装新式照明系统：354 台 320 千瓦照明灯从内部照亮铁塔结构。

1989

铁塔建成一百周年。“100 ans”（“一百周年”）标志字样，其数字部分为长 12.5 米，宽 10 米，其字母部分为长 9 米，宽 8 米：这个由 850 台卤化照明灯组成的发光标志，证明了其重要性。

6 月 17 日，巴黎市政厅组织设计了一幅从夏约宫直到战神广场的声光景图，用以庆祝铁塔建成一百周年。

埃菲尔铁塔技术资料

承包人：古斯塔夫·埃菲尔和 Cie
工程师：Maurice Koechlin 和 Émile Nouguier
建筑师：Sauvestre
50 位工程师、设计师 制作了 5300 幅设计图纸
100 位工人制作了 18 万块铁材零件
132 位工人参与施工

埃菲尔铁塔甚轻，在其基础上平均压强仅为4.5kg/cm^2
金属构架重量：7300 吨
全部重量：10 100 吨

在风力作用下，塔顶位移约 6 至 7 厘米

遇热时，塔顶波动曲线可至 18 厘米

柱基朝向四个方位，置于每侧为 125 米的方场内。用 1710 步即可爬到塔顶

原始高度：312.27 米；加上天线：320.75 米
第一层平台高度：57.33 米
第二层平台高度：115.73 米
第三层平台高度：276.13 米

铁塔上漆费时 7 年。耗费涂料 45 吨

在“新埃菲尔铁塔开发协会”主导下，作为历史杰作遗产的埃菲尔铁塔的修复工程着手进行（1981—1983），准备使此纪念性建筑物在 1989 年时迎接其建成一百周年：修改结构；减轻 1343 吨重量；新的升降梯直达塔顶；新的全景餐厅

3 号地基施工，1887

（图片由 Pierre Petit 提供）

左图：铁塔基柱之一，1888 年 9 月时工地图景

（Neurdein Fréres 摄影）

铁塔基础，背景左侧为老夏约宫，1887 年 5 月

（图片由 Pierre Petit 提供）

施工景象，1887 年 4 月

后两页：金属部件装配；4 号地基，1887 年夏

（Durandelle 摄影）

ACIERIES
ACIERIES

左图：施工景象，1887 年 4 月

右图：在工地上，1988

（Durandelle 摄影）

在工地上，1988

（Durandelle 摄影）

1887—1889：几个不同建筑阶段

合影，1888 年 7 月 4 日

古斯塔夫·埃菲尔在铁塔左侧高处

附　论

罗兰·巴尔特：当代西方文学思想的一面镜子

李幼蒸

对于告别了神学和形而上学的“后尼采主义”西方思想界而言，如果用“虚无主义”表示其人生观倾向，则可用“怀疑主义”表示其认识论倾向。传统上，怀疑主义是西方哲学史上的一个主要流派，现代以来成为文学理论的主要思想倾向之一。罗兰·巴尔特则可称为20世纪文学理论世界中最主要的怀疑主义代表，足以反映二战后西方文学思想的主要趋向。以下从几个不同层面对此加以阐释。

1. 伦理和选择

罗兰·巴尔特和保罗·萨特两人可以代表二战后法国两大“文学理论思潮”形态：文学哲学和文学符号学。这两种相反的“文学认识论”，均相关于近现代以至当代的两大西方文学和美学潮流：存在主义的道德文学观和结构主义的唯美文学观。一方面，巴尔特缩小了文学的范围，将通俗文学排除于文学“主体”之外；另一方面，他又扩大了“文学”外延，把批评和理论一同归入文学范畴，以强调“文学性”并不只体现于“故事文本”和“抒情文本”之中。巴尔特曾将近代西方文学视为无所不包的思想活动，申言“从中可获取一切知识”。1975 年的一次访谈中，在被问及“30 年来，文学是否似乎已从世界上消失了”时，他回答说，因为“文学不再能掌握历史现实，文学从再现系统转变为象征游戏系统。历史上第一次我们看到：文学已为世界所淹没”。他在此所指的“文学”，主要是以 19 世纪现实主义小说为代表的文学传统，其内容和形式相互贴合而可成为人类思想的重要表达形态。但是 19 世纪小说形态，自 20 世纪以来，一方面已为表达范围迅速缩小的主观主义小说所取代，另一方面则蜕化为不再属于“文学”主体而归入了作为大众文化消费商品的通俗小说（包括其现代媒体变形：电影电视）。然而在二战结束后被解放的法国，和英美“高级文学”的校园生存形态不同，其文学，特别是小说文学，一度重新成为社会文化活动的主流，并提出了有关“文学是什么”这类社会性大主题。主要由萨特和加缪发起的这场有关文学使命的争论，无疑是由二战期间法国知识分子所遭受的特殊刺激所引发，因此容易赢得受屈辱一代法国知识分子的共鸣。在疗养院读书 6 年后返回巴黎社会的巴尔特，也开始卷入“抵抗运动”文学家之间的理论论战中去。文学或小说文学，应该“干预”社会和政治问题么？这个问题的提出也有一般性和特殊性两个方面：客观上，20 世纪小说和小说家已经没有知识条件来面对社会政治问题的解决了；主观上，已经受现代派文艺一百年洗礼的文学家个人又有什么伦理学的理由来“参与”社会政治问题的解决呢？另外一个超越二战历史情境的现代文艺思想的“内部张力”则是，东西欧洲现代派文艺一直具有一种双重混合性：社会政治方向和反社会的个人主观方向的共在。于是，二战的外在历史遭遇和现代文学思想史的内在张力，共同成为萨特和巴尔特文学思想分歧的共同背景。简言之，关于文学和道德之间关系的争论，一方面涉及作家选择道德实践的理由，另一方面也牵扯到作家道德实践能力的问题。

在结构主义论述中，尽管同样充斥着意识形态因素，但其主要实践方式——文本意义分析——内在地相关于人类一切文本遗产解读中的共同认识论和方法论问题，也相关于人文社会科学的整体情境，从而含蕴着较普遍的学术思想意义。此处所说的过去和未来，不是指其现实社会文化影响力，而是指其内在的精神性和知识性激发力。作为结构主义文学理论主要代表的巴尔特，一方面揭示文学家“社会参与”决定的内在逻辑矛盾，另一方面提出了一种脱离社会实践的文学伦理观：所谓“对语言形式之责任”。后者也是与20世纪西方文艺形式主义的一般倾向一致的。

我们可以说，二战政治经历和存在主义思想，二者共同形成了战后法国左翼知识分子的充满矛盾的道德观：放弃（神学的和逻辑的）超越性“绝对命令”之后，人们企图在“存在论的虚无主义”和“介入论的道德承诺”之间探索一种“合理的”个人信仰基础。萨特和加缪于是成为战后法国文化政治运动的领袖。在疗养院读书期间受到两人思想影响的巴尔特一开始也把此张力关系作为个人思考社会和文学实践方向的框架。加缪的荒谬人生观比萨特的存在主义更能符合巴尔特的认识论虚无主义。所不同的是，巴尔特不是把虚无和荒谬作为思考的对象，而是将其作为思考的边界。结果，巴尔特虽然同情和接受萨特和加缪有关“生存荒谬情境”的观点，却本能地拒绝任何相关的具体实践选择（政治）。这种二元分离的伦理学选择态度和策略，贯穿着巴尔特一生，其中亦充满着另一种矛盾生活态度：自言厕身于左派自由主义阵营（其特点是批评社会现状），却从不介入后者的具体政治实践（所批评的对象日益趋于抽象）。晚年（1977）在一次访谈中，巴尔特说，他与一些左翼文人的立场“非常接近”，但“我必须与他们保持审慎的距离。我想这是由于风格的缘故。不是指写作的风格，而是指一般风格”。用风格作为区分个人实践方向的理由，与其说是一种解释，不如说是一种回避，但却可反映巴尔特内心深处的一种当代信奉尼采者所共同具有的伦理学虚无主义。不过由于此虚无主义是以理性语言表现的，其理论话语遂对读者提供了一种较高的“可理解性”价值。

2. 意义和批评

巴尔特被公认为一名杰出的文学理论家，他也自视为一名“理论性批评家”，但其文学理论思维的特点是“非哲学基础性的”，也就是“符号学式的”。他曾说，如果“理论的”应当即是哲学的，他的理论实践不妨也称作是“准（para-）理论性的”。这是他愿意自称为符号学家的理由之一。在他看来，符号学是不同于哲学的一种新型理论思维形态。在1978年的一次访谈中，他说，自己从未受过哲学训练，但其思维仍然具有某种“哲学化”的特点，即属于理论化一类；他进一步阐明，他的思想方式，“与其说是形而上学的不如说是伦理学的”。我们可以看到，巴尔特将历史理论和伦理学，与历史哲学和道德哲学作出的区隔，具有重要的认识论意义（巴尔特少谈各种哲学名词，其深意在此）。

巴尔特在20世纪50年代从事媒体文化评论的前符号学时期，以其对消费社会和大众文化中的象征和记号现象进行“去神秘化”的文本意义解析而引人注目，其目的在于揭示出“资产阶级”和“小资产阶级”文化意识形态现象的深层意义或二级意义。文化意识形态作品（电影、戏剧、时装、广告、运动、娱乐等等）被其形容为“神话”，即视为消费社会中具有“欺骗性”、“误导性”的文化操纵之产物和效果。早期巴尔特的符号学实践大量针对于文化意识形态意义层次的揭露，岂非也显示了另一种社会“介入观”实践？此时谁能够说巴尔特不关心社会公义和理想呢？但是巴尔特的意识形态符号学实践止于此“神话揭示”活动，并只将其视为一般文化意义分析工作的实验场（巴尔特往往喜欢用“历险”一词，以强调“思想实验”的不可预测性），而绝不进而转入其他社会性行动领域。无论对其伦理学立场的考察，还是对其文化批判立场的考察来说，我们正可从此似是而非之自白，体察其思想内部之矛盾和张力。

巴尔特的“文学思想实践”主要停留在“文本”意义构成的分析层次上（兼及具体文本解读和一般文本分析原则）。其最初的动机是批评和揭示所批评的论说之内在矛盾，结果在此层次上的纯属理智性活动，却强调着一种“中性”性质（巴尔特用“中性”代表他的非社会介入观，我们则不妨也用其指其推理方式本身的“不介入”性质）。虽然巴尔特自己绝非可以免除意识形态偏见，但他的不少分析、批评、主张都在相当程度上“体现着”一种准科学性的分析方法，从而使其最终成为一名符号学家。这也是巴尔特思想对我们的最大价值所在：他以其天才创造力为我们提供了大量分析和解读典籍文本的分析经验，这对于我们有关传统典籍现代化研究目标来说，比任何西方哲学方法都更直接、更有效。因此，在我们说巴尔特是当代西方思想的一面镜子时，首先即指他的分析方法“反映着”一种战后新理论分析方向，这是一种跨学科思想方式，它来自语言学、社会学、历史学、哲学、精神分析学等众多领域。而另一方面，不可讳言，他往往只是从不同学术思想来源凭直观和记忆随意摘取相关理论工具，而此思考方式的创造性价值在于：他可恰到好处地针对特定课题对象，自行配置一套相应理论手段，以完成具体课题的意义分析工作。

3. 小说和思想

巴尔特作为“文学思想家”，其含义有广狭两方面。首先，他是专门意义上的文学家，即文学研究者和散文作家；其次，由于他从事有关文学的一般形式和条件的理论探索，所以其工作涉及人类普遍文学实践的结构和功能问题。巴尔特对小说形式，特别是19世纪小说形式有着特殊兴趣，其中含有一种超越文学而涉及一般思想方式的方面。19世纪“小说”是现代综合思想形态的原型，其中涉及在常识的水平上对诸现代学科知识的综合运用（跨学科）和模仿生活的叙事话语的编织。当20世纪以来小说不再能履行此职能之后，如何在文学中继续进行综合性知识运用，就成为现代文学理论的课题之一。巴尔特于是把此“跨学科”知识吸取方式也贯彻到文学理论分析（包括小说分析）实践之中。就思想综合性推进的必要来说，古典小说和现代文学理论遂有着一脉相承的关联，巴尔特正是因此之故才同时维持着两种精神活动：古典小说赏析和现代理论分析。巴尔特对当代法国实验派的“反故事”小说的推崇，实乃对传统小说形式之未来价值的否定。在他看来，文学必须“干预”社会生活的理由欠缺伦理学上的正当性，而且文学干预社会的方法多可证明其无效，结果今日现实主义小说往往事与愿违，达不到有效解说的目的（至于小说作品作为文学外的鼓动工具现象，则与文学本身无关）。巴尔特往往从后者入手批评“介入文学”，以显示社会派小说的理路似是而非。小说的抱负和其社会声名往往外在于小说家的主观意图。另一方面，在现代社会和学术发展的条件下，严肃小说的确难以再成为社会性道德实践的有效工具；文学的观察分析能力和时代知识的要求全不相称。这一历史客观事实却成为巴尔特构想另一类文学秉性的借口或渠道。巴尔特表现其文学怀疑主义和唯美主义的新文学实践形式，仍然是文本批评分析。巴尔特屡次谈到文学的“死亡”，即传统小说的死亡。因为现代以来很少有严肃知识分子会再重视小说故事情节了。他自己就承认极难亲自构拟人物和情节。巴尔特说：“我知道小说已经死亡，但我喜爱小说性话语。”“小说性”被看作一种话语形式。他关心的是小说式话语、小说式经验本身，也就是人类叙事话语本身，而非用小说所表达的思想内容本身。巴尔特的“小说哲学”（有关现实主义小说的消亡和新小说的未来等）暗示着文学世界本身的消亡。他在各种先锋派作品表面之间游荡却难以实际投入；他的文学理论批评实践，也间接地反映着文学世界本身的萎缩状态。最后，小说这种对他来说既重要又可疑的文学形式，竟然成为他进入法兰西学院后的主要“解析”对象。实际上，巴尔特在法兰西学院的小说讲题系列，成为他的文学乌托邦和社会逃避主义的最后实验场。

4. 权势和压制

巴尔特和萨特的文学实践立场虽然表面上相反，但两人都是资本拜金主义和等级权势制度的强烈批判者。萨特所批判的是社会制度本身并提出某种政治改良方案，巴尔特的批判针对着西方文化、文学和学术性权势制度及由其决定的文学表达方式。如前所述，萨特的社会政治介入观不免导致后来易于察觉的判断失误，巴尔特的文化语言性批判反因其对象的抽象性和稳定性而获得了学术上的普遍性价值。巴尔特的文学“伦理学”在社会实践方面的逃避主义（不是指其实践学的怯懦，而是指其人生观和社会观的游移不定），使其权势批判只停留在抽象层次上。这种一个世纪以来对“资产阶级文化意识形态”普遍存在的批判态度，实际上反映着西方现代主义和先锋派文艺对唯物质主义工商社会及其唯娱乐文化方向的普遍反感。不过西方左翼知识分子的共同秉性均表现为观念的理想主义和实践的浪漫主义之混合存在，人生理想的高远和社会改进的无方，遂成为其通病。西方左翼知识分子亦为当代西方各种社会文化理论的主要创造者之一，而其共同倾向是反对不当权势之压制并憧憬正义理想。但是由于其“理论知识”普遍忽略了“现实构造”的多元化、多层化特点，以至于往往在权势的“当与不当”之间没有适当的判断标准，反而因此导致他们社会性理论论述易于发生某种“现实失焦症”：在理论和实践两方面脱离客观现实。而其正面效果则是：为理论性思考标志出难点和有效边界。结果，巴尔特在抽象层次上的反权势、反教条、反制度的意义分析活动，却可为世人提供一种具有普遍性的认知对象：有关权势压制制度和其对文化思想操纵方式之间的意义关系分析。

巴尔特的大量符号学的、去神秘化的文本分析实践，都在于揭示此种被操纵的意识形态文本的意义构造和功能。实际上，巴尔特对资本拜金主义的批判态度，根本上源于一种反权势立场，这是他对马克思主义产生同情的根源之一。但他从未有兴趣从社会学和政治学角度对此进一步探索。虽然和其他结构主义者一样，他也是有关各种学术机构化、制度化的权势现象批评者，包括所谓学院派的文学批评（拉辛论战）的批评者。作为符号学家，其更根本的反思对象则是制约思想方式的文学和学术语言结构本身。巴尔特从事有关语言学、语义学、修辞学、风格学等各种类型的结构主义实践，其中都包含着对制约思想方式的文本内在意义机制的批评。这一态度是和心理、意识、思想等内容面的传统型解释说明方式相对立的。而由于其怀疑主义实践论，巴尔特对“权威”的批评也就日益从社会性层面转移到语言学层面和学术性层面。其批评之目的，实为摆脱传统权威对作家和学者思维形式创新所加予的拘束和限制。从政治性权威向学术性权威的转移，是和他从社会性意识形态关切向理论性意识形态关切之转变一致的。结果，唯美主义也成为反权威的一种方式，如其晚年着重宣扬的“文本欢娱”观等。这个和写作常常并称的难免空洞的概念，最后成为巴尔特现实逃避主义的最后媒介。文学为了写作本身，写作为了欢娱本身！所谓享乐主义不过是巴尔特用此身体感官性传统名词象征地表示的一种口实，用以避免对思想之实质进行更为透彻的分析。这样他就企图将文学实践还原为文学的物质性过程（写作）及其感官性效果（快乐）了，用传统上作为贬义词的感官主义暗示着对正统思维的一种“反抗”，以至于进而从感官享受过渡到更极端的“身体性目标”：如晚年提出了所谓“慵懒观”的正当性。身体的放纵和身体的慵懒，都是避免积极生存方向选择的借口。这只不过是巴尔特表面上回归享乐主义的灰暗心理之反映。

5. 理论和科学

巴尔特将他人的理论和方法视作自己分析的工具之零件，其独创性表现在如何拆解和搭配这些现成理论工具，以使其创造性地应用于各种不同研究课题。巴尔特被称作理论家，是指他的注重理论分析的态度和进行理论分析的实践，而非指其重视独立的理论体系建设。巴尔特在不同时期对采纳不同理论资源时表现的某种随意性，有时不免遭受专家诟病，但批评者有时忽略了他在一次分析工作中维持理论运作统一性的创造性表现。至于在不同课题和不同阶段内理论主题偏好的变动性，并未妨碍他在具体课题中完成文本意义分析的目的。一方面，文本意义分析成为人文科学话语现代化重整的必要步骤，另一方面，意义分析工作要求着人文科学各学科朝向跨学科乃至跨文化方向的继续发展。巴尔特的理论实践经验进一步反映着人类知识特别是伦理学知识的根本性变革的必要。在此意义上，无论是尼采的怀疑主义还是结构主义的怀疑主义都应该看作是朝向人类理性主义思考方向的重要精神推动力量。因为真理的动因之一即怀疑主义。

在巴尔特的“理论工具库”中，符号学当然是最主要的部分。巴尔特是所谓法国“最早一位”符号学家、最早一部《符号学原理》的作者以及高级学术机构内一位“文学符号学”讲座教授。作为现代意义学的基本学科，符号学当然是他文学理论研究中最直接相关的一种。他对任何现成符号学活动中的体制化、教条化（符号学作为元科学）的反对，反映了他绝非有兴趣在学术界追求某种所谓新兴学科符号学的创建。巴尔特企图超越学院派的“科学批评”而朝向自己的所谓“解释性批评”，不过，后者的批评“可靠性”却是以其文学分析论域的缩小为代价的。

6. 古典和前卫

巴尔特是文学唯美实验主义的倡导者，兼及创作和理论两个层面，其实践方式本身则成为西方先锋派、现代主义、后现代主义诸不同现代美学倾向的汇聚场，从而反映着西方文艺从古典时代向现代、向未来变迁过程中的面面观。巴尔特是将西方理性怀疑主义和反理性唯美主义并存于心并使之交互作用的文学思想家。由于其唯美主义是通过文本分析方式表达的，所涉及的唯美主义一般情境，表现出更深刻、更内在的理论认知价值。因此，巴尔特的理智性文学文本分析，是我们体察和了解现代西方非理性主义文艺作品特色的一面镜子。无论是其理论性分析还是其美学性品鉴，都表现出一种作品"内在主义"的思考倾向，这种思想方式的内在一致性，使其学术价值超出许多当代西方理论修养更为深厚的哲学美学家。受过古典语言和古典文学正规训练的巴尔特，首先是一位希腊罗马古典文学的专家，其次也是法国近代古典文学的研究者，最后更是法国民族文学思想的特殊爱好者（正是这一点使他不至于成为德国形而上学的俘虏：萨特和德里达的黑格尔主义和海德格尔主义、利柯的康德主义和胡塞尔主义。但巴尔特也因此并不很熟悉英美现代派文学作品）。

我们应该注意另一种矛盾现象：巴尔特理智上对先锋派作品和东方哲理诗的推崇与他在感情上对法国古典文学的真正"喜爱"（米什莱和福楼拜）之间的对比。先锋派或现代派都是相对于传统和历史的"革命性"或"革新性"尝试，其"新颖性"主要体现于形式方面的变革。先锋派批评家在其中支持的主要是其摆脱传统的力度和方向；新的形式成为求新者（不满现状者）的一种精神"寄托"。先锋派作品的无内容性、"空的能指"，即巴尔特所说的不朝向所指的"能指的运作艺术"。巴尔特毕生在现代派文艺和古典文学之间的同时性交叉体验和实验，"客观上"反映了先锋派文艺的"否定性价值"，实际上超过了其"肯定性价值"，也就是说，"先锋派"之所以是一种实验艺术，主要代表着文艺家对"现状"的不满、逃避和解脱的努力。作家和理论家遂生存于已完成的传统历史之稳定性和待完成的未来历史之尝试性的张力之中。20 世纪各种现代派文艺作品所包含的否定性方面远超过其肯定性方面，这就是何以其形式如此变动不居的原因之一。

7. 欲望和写作

巴尔特说，今日"不再有诗人，也不再有小说家，留下的只是写作"(《批评与真实》)。"写作"后来成为巴尔特最喜爱的一个文学理论"范畴"，不过它也是一个最空洞的范畴（以至于激怒许多批评其偏爱"术语"的学人)。按其写作论，写作者不能按其思想的社会性价值或作用来规定，而只应按其对写作"话语"的意识来规定。他说，传统的小资产阶级将话语作为"工具"，新批评则将其视为"记号或真理本身"。这一论证方式从空到空，难怪使大学教授（皮卡尔）不快。巴尔特执意强调的是文学话语不通向所象征的外在世界，而是通过符号学方式朝向语言本身。作为理论分析的对象，"写作"范畴也许是明确的，而作为文学实践的目标，"写作"却绝非明确的。巴尔特不强调写作内容的"正当性"，而强调其"形式"的正当性。那么这种作为新文学观念的"文学形式之伦理学"究竟是什么意思呢？中性、零度、白色、不介入等脱离社会内容的写作方式，固然与各种现代派文艺理念相合，但为什么这就是正当的呢？巴尔特人生观的这一自我主义特点，导致他自始至终采取“中性”或“零度”的反文学介入观，而他在其一生中三次社会冲突尖锐时期（法西斯占领时期、战后反资本主义运动时期，和1968年社会大动荡时期）采取的脱离具体社会实践而最终将压制自由的根源说成是（资产阶级）语言结构本身的结论，无疑是一种伦理学逃避主义的表现。不妨说，相对于文学政治道德学，巴尔特试图为自己建立一种“文学（写作）的（反）伦理学”。

实际上，由于现代历史和社会的根本改变，巴尔特和其同时代人，获得了外在于历史的理由和条件，可不必参与各种人为的社会性实践（它们为各种隐蔽的意识形态力量所推动和操纵），而得以逻辑上合理地“实验”其“中性”而“快乐”的生存方式：所谓实践一种“写作伦理学”。而巴尔特说，他心目中想写的东西，其实常常是一些老旧的东西和古老的故事，并不一定是先锋派作品（他的枕边书永远只是古典类书籍）。所谓“写作”范畴因此不是相关于内容的，而是相关于形式的。他说：“写作是提问题的艺术，而不是回答或解决问题的艺术。”巴尔特在法兰西学院四年中的最后阶段，本其“文本欢娱”哲学而陷入了一种极端唯美主义实践。他不仅在其最后一部作品中返回到最初一部作品中的写作主题，而且在其中返回自己最初曾热衷的“纪德自我主义”。这种伦理学的自我主义，结果以消除伦理选择主体的存在为目的，此主体的剩余部分遂成为被动的“美感享乐主义者”。伊壁鸠鲁主义式的享乐主义，遂成为躲避道德问题的借口。1977年在回答访问者的“你有一种道德观否”的问题时，他刻意加以回避问题本身而答称：这是“一种感情关系的道德，但我不能进一步说明，因为我有许多别的东西要说”。因此，巴尔特和众多当代西方的反主体论者，实质上是在进行着一种放弃伦理选择权的“选择”。巴尔特类型的反主体观，结果反而从反面使伦理主体的作用更加凸显。而巴尔特的文学理论思想之所以比大多数纯学者或哲学理论家的论述更重要，正因为他是能够从文学的理论和实践这两方面来思考和表现此一伦理危机情境的。此外，巴尔特理论话语的时代适切性，还表现在他的超越（18世纪）启蒙主义和超越（19 世纪）现实主义的潜在思想前提上，因为这使他不必把启蒙时代不可回避的宗教问题和政治问题纳入自己的理论思辨构架之内，从而使自己的伦理学情境较为单纯。对于我们来说，巴尔特伦理思想中的虚无主义之本质，因轮廓更为清晰也就更具有普遍意义。

巴尔特对启蒙主义时代的负面评价，凸显了他和相当多当代西方知识分子对历史、政治、社会、文化错综复杂关系认知的简单化态度。一方面正是这种态度为其反介入伦理观提供了运作上合理的边界，另一方面也客观地反映了他这位对“历史形式”进行分析的思想家本人，未曾有机会亲历和深入较复杂的“历史内容”过程。当他揶揄伏尔泰积极进取的道德“快乐感”是来自君主专制时代历史之偶然时，这只不过反映着处于民主时代的西方知识分子伦理经验的单薄和肤浅；而主体意识本来是深植于人类伦理学情境本身的。在启蒙时代和 19 世纪，西方知识分子生存于丰满真实的历史社会张力场内而必须面对个人的伦理学选择；20 世纪社会和知识条件的革命性演变使得知识分子脱离了此社会性选择张力场。其结果是，一者进行不适切的社会性反应；另一者拒绝进行社会性反应。理论知识和实践知识，遂陷入持久而普遍的结构性分裂之中。

时代思想的混乱和丧母之痛使得巴尔特陷入空前忧郁心境，但终于在辞世前完成了自己向学院和读者应许的一部“小说”作品，实为一部关于小说和文学的论述。巴尔特为文学赏鉴和文学分析而生，而非为故事编织而生；毕生以各种叙事文本为研究对象，却从不曾自行制作（文学的或历史的）叙事。小说是他的分析对象，一如电影是麦茨的分析对象，他们不是也不需是故事编写者。但重要的是：巴尔特确曾把自己“写小说”之意愿，当作一种计划加以期待、准备甚至宣布，并把最后一部作品定名为意义含混的“小说的准备”。是就一般小说理论而言，还是针对自己的小说写作意愿而言？巴尔特对听众抱歉道，即使期待中的小说不是由自己所直接完成的，所勾勒的理念轮廓，也可供其他作家参照。1977 年曾经主持 Cerisy 巴尔特研讨会并与作者熟识的研究专家安托万·孔帕尼翁（Antoine Compagnon）在不久前回顾说，在《小说的准备》原稿手迹上，他吃惊地看出巴尔特写稿时流露出来的深刻的忧郁和不安，这部作品似乎像是作者对自身死亡准备的一部分。巴尔特对此死亡意象的演示，表现出一个现代“无永生之念者”与其死亡预期的关系，从而凸显了反人本主义伦理学的内在困境。因此，巴尔特远不只是学者理论家，其内心含蕴着（不合时宜的）诗学怀乡病，而其表面的主张不过是另一种生存愿望的变相表白。这种向往文学乌托邦境界的分析性表达，遂可成为我们再次反思人类一般伦理学情境和文学伦理学情境的一面镜子。巴尔特在《小说的准备》中援引但丁、渴望“新生”，实则正在积极地奔向自身的死亡，以使其最终达成一种美学虚无主义实践。

8. 文学和理性

德里达在其《论书写学》中说：“理性这个词应当抛弃”。但是我们应该注意到有关现代西方“理性”的多元表达。作为理论家的巴尔特，正是以其推理的精细而成为现代人文科学意义论中不可多得的思想家的；对象的非理性性格和方法的理性性格应当加以区别。另外当然也有一个作为唯美主义“非理性”作家的巴尔特，此时他可跻身于福楼拜和马拉美以来的前卫作家行列。重要的是，在将理性的“巴尔特分析”对比于非理性的“巴尔特美感”时，二者的交互作用所产生的一种特殊的“可理解性”，遂成为特别具有解释学潜力的一种独特智慧。巴尔特自身文学唯美主义追求（古典诗人原型）和怀疑主义理性思辨（古典哲学家原型）的二重身份，使其文学思想具有一种特殊价值。巴尔特的文学探索相当于美学认识论问题的提出，而并非其解决。换言之，巴尔特是以对先锋派文艺的“肯定句式”来提出一种实质上是“疑问的”句式。因此，读赏古典和探索前卫，虽然存于一心，却属于两类精神过程。在此意义上，一个世纪以来的现代派、先锋派、前卫派文艺，代表着现代西方文化精神的动荡不安，其严重性和难以解脱性，也源于两种内外不同的冲力：唯物质主义的科技工商社会之永恒精神压力和传统价值信仰基础在理性面前的解体。对于20世纪人类历史的这一全新局势而言，巴尔特的这面文学怀疑主义之镜，对其作出了最深刻的“反映”。

图书在版编目（CIP）数据

埃菲尔铁塔/（法）巴尔特著；（法）马尔丁摄影；李幼蒸译．
北京：中国人民大学出版社，2007
（罗兰·巴尔特文集）
ISBN 978-7-300-08764-1

Ⅰ．埃…
Ⅱ．①巴…②马…③李…
Ⅲ．建筑物-符号学-研究-巴黎
Ⅳ．H0　K956.58

中国版本图书馆 CIP 数据核字（2007）第 184554 号

本书的出版经由法国外交部资助
罗兰·巴尔特文集
埃菲尔铁塔
［法］罗　兰·巴尔特　著
　　安德莱·马尔丁　摄影
李幼蒸　译

出版发行	中国人民大学出版社		
社　　址	北京中关村大街 31 号	**邮政编码**	100080
电　　话	010－62511242（总编室）		010－62511398（质管部）
	010－82501766（邮购部）		010－62514148（门市部）
	010－62515195（发行公司）		010－62515275（盗版举报）
网　　址	http://www.crup.com.cn		
经　　销	新华书店		
印　　刷	唐山玺诚印务有限公司		
开　　本	890 mm×1240 mm　1/32	**版　　次**	2008 年 1 月第 1 版
印　　张	3.75 插页 3	**印　　次**	2022 年 10 月第 3 次印刷
字　　数	85 000	**定　　价**	35.00 元